BEI GRIN MACHT SICH IHR WISSEN BEZAHLT

- Wir veröffentlichen Ihre Hausarbeit,
  Bachelor- und Masterarbeit

- Ihr eigenes eBook und Buch -
  weltweit in allen wichtigen Shops

- Verdienen Sie an jedem Verkauf

Jetzt bei www.GRIN.com hochladen
und kostenlos publizieren

Oliver Fohrmann

Côte d'Azur zu Fuß

Unterwegs auf den Küstenwegen um Cap Martin und Cap Ferrat

GRIN Verlag

Bibliografische Information der Deutschen Nationalbibliothek:

Die Deutsche Bibliothek verzeichnet diese Publikation in der Deutschen National-
bibliografie; detaillierte bibliografische Daten sind im Internet über http://dnb.d-
nb.de/ abrufbar.

Impressum:

Copyright © 2013 GRIN Verlag GmbH
Druck und Bindung: Books on Demand GmbH, Norderstedt Germany
ISBN: 978-3-656-62398-4

Dieses Buch bei GRIN:

http://www.grin.com/de/e-book/270796/cote-d-azur-zu-fuss

GRIN - Your knowledge has value

Der GRIN Verlag publiziert seit 1998 wissenschaftliche Arbeiten von Studenten, Hochschullehrern und anderen Akademikern als eBook und gedrucktes Buch. Die Verlagswebsite www.grin.com ist die ideale Plattform zur Veröffentlichung von Hausarbeiten, Abschlussarbeiten, wissenschaftlichen Aufsätzen, Dissertationen und Fachbüchern.

Besuchen Sie uns im Internet:

http://www.grin.com/

http://www.facebook.com/grincom

http://www.twitter.com/grin_com

Oliver Fohrmann

Côte d'Azur zu Fuß

Unterwegs auf den Küstenwegen um Cap Martin und Cap Ferrat

Ein Reisebericht mit Fotos vom Autor

Die beiden exklusiven Halbinseln Cap Martin und Cap Ferrat an Frankreichs Côte d'Azur lassen sich auf neu angelegten Küstenwegen per pedes ganz umrunden. Ein wunderschöne Art, die französische Riviera zu entdecken. Für beide Wege ist jeweils ein halber bis ganzen Tag einzuplanen, insbesondere, wenn zwischendurch ein Bad im Meer gewünscht wird, was sehr empfehlenswert ist.

Halbinseln aus Vogelperspektive. Links: Cap Martin. Rechts: Cap Ferrat.

Vielleicht liegt das Geheimnis der Côte d'Azur darin, dass sie Gegensätze vereint: Geist und Geld, Exklusivität und Massentourismus, Meer und Bergwelt, überlaufene Küstenorte und einsame Dörfer im Hinterland, noch Frankreich und doch schon so italienisch. Im Winter und im Frühling kann man morgens in den Seealpen Ski fahren und nachmittags leicht bekleidet am Strand spazieren. Im Sommer lässt sich Wandern im alpinen Hochgebirge mit Baden in malerischen Buchten verbinden – von der Sonne verbrannte Vegetation mit hellblauem Meer.

Überhaupt das Wandern: eine bei Franzosen äußerst beliebte Freizeitbeschäftigung. Und daraus, dass man in Monaco nicht gerade besonders viele mit verstaubten Rucksack, Isomatte und dicken Schuhen bepackte Touristen am Casino entlang ziehen sieht und ebenso wenige Ferraris und Maseratis auf Wanderparkplätzen anzutreffen sind, soll man nicht den Schluss ziehen, dass Wanderungen oder längere Spaziergänge nicht in diesen paradiesisch schönen Landstrich passten. Ganz im Gegenteil: Wandern gehört zur Côte d'Azur ebenso dazu wie zu anderen Gebieten.

Wanderweg hoch über Monaco.

Schon Erika und Klaus Mann weisen in ihrem berühmten, immer noch erstaunlich aktuellen „Buch von der Riviera" von 1931 (übrigens eine vorzügliche, leichte und heitere Reiselektüre) auf die reizvollen Spaziergänge zwischen Nizza und Monte Carlo hin. Vor allem aber tut sich das Départment Alpes-Maritimes, das südöstlichste Frankreichs an der italienischen Grenze, in dem neben den Seealpen auch der östliche Teil der Côte d'Azur etwa ab Cannes liegt, durch eine perfekte Infrastruktur für kleinere und größere Wanderungen hervor, 4000 Wegweiser wurden in die Landschaft gesetzt, Wege sind erneuert und werden regelmäßig überprüft. Zu diesen gehören auch die extra angelegten Küstenwege, die *sentiers littorals* oder *touristiques*, auf denen man mit wenigen Unterbrechungen die ganze azurblaue Küste entlang spazieren kann. Auch an Bänke zum Pausieren wurde gedacht, klug positioniert an Stellen mit besonders schöner Aussicht.

Links: Hinweis-
schild auf dem
Küstenweg auf
Cap Martin.
Rechts: Am Weg
liegende, zum
Sonnen und
Baden einladen-
de Felsenbuch-
ten auf Cap Mar-
tin, im Hinter-
grund Monaco.

Zwei besonders schöne Abschnitte des Küstenwegs verlaufen um die
beiden Halbinseln Cap Ferrat und Cap Martin zwischen Nizza und Menton. Auf ihnen kann man einfach und gemütlich diese beiden betörenden
Sehnsuchtsorte umrunden, zwischendurch ein erfrischendes Bad neh-
men, in felsigen Buchten schnorcheln oder die imponierende Aussicht
auf die Küste, etwa von Cap Martin auf Monaco, genießen. Die nicht
weit voneinander entfernten Cap Ferrat und das etwas kleinere Cap Martin sind die beiden ewigen Konkurrenten um den Status des reichsten
und schönsten Gartens Eden der Côte – ein Wettbewerb, der regelmäßig
zugunsten von Cap Ferrat ausgeht. Denn hier stehen einfach die üppigs-
ten, schicksten und prachtvollsten Megavillen. Zum Beispiel die Villa
Léopolda, die gerade für fast eine halbe Milliarde Euro einen neuen Käu-
fer gefunden hat und damit laut FAZ die teuerste Wohnimmobilie der
Welt ist. Sie gehörte einst dem belgischen König Leopold II, der sie 1902
als Geschenk für seine Frau bauen ließ, was ihn nicht daran hinderte, auf
dem Gelände für jede seiner drei Mätressen gleich noch jeweils ein eigenes Haus zu errichten.

Die Liste der internationalen Weltstars aufzuzählen, die seit Jahrzehnten
die beiden Caps bevölkern, ist müßig. Immerhin erhascht man vom Küs-

tenweg aus den einen oder anderen Blick auf Residenzen und Gärten, die erahnen lassen, was materieller Reichtum bedeuten kann.

Zwei der Anwesen auf Cap Ferrat lassen sich übrigens besichtigen. Die Villa Kérylos, im 19. Jahrhundert vom Bankier und Philhellenen Théodore Reinach ganz nach antikem griechischen Vorbild direkt ans Meer gebaut, erweckt den Eindruck, man sei mit einer Zeitmaschine ins Altertum gereist. Und die noch imposantere Villa Ephrussi de Rothschild, von der gleichnamigen Bankierstochter ebenfalls im 19. Jahrhundert erbaut, besticht vor allem durch ihre weitläufigen idyllischen Gärten verschiedener Stilrichtungen. Der Besuch dieser Paläste lässt sich wunderbar mit einem Spaziergang auf dem *sentier littoral* um Cap Ferrat verbinden.

Oben links: Im griechischen Stil erbaute Villa Kérylos vor Cap Ferrat. Oben rechts: Abschnitt des *sentier littoral* auf Westseite von Cap Ferrat. Unten: Blick vom *sentier littoral* auf Cap Ferrat bis auf die Seealpen und Italien.

Ab Nizza fährt der Bus Nr. 81 direkt auf die Halbinsel Cap Ferrat, oder man nimmt die Bahn bis Beaulieu-sur-Mer, was den Vorteil hat, dass man auf dem Weg vom Bahnhof nach Cap Ferrat an der Villa Kérylos vorbeikommt. Der Weg führt auch durch Saint-Jean-Cap-Ferrat, den Hauptort der Halbinsel, ein ehemals harmloses Fischerdorf, nunmehr aber laut FAZ mit durchschnittlich 30.300 Euro pro Quadratmeter der teuerste Ort der Welt. Man passiert den Leuchtturm, der 1944 von der deutschen Wehrmacht zerstört wurde und heute nach seinem Wiederaufbau den abendlichen Flaneuren auf Nizzas berühmter Strandpromenade von weitem wie ein Gruß entgegenblinkt.

An der Südspitze von Cap Ferrat spaziert man am Swimmingpool des traditionsreichen 5-Sterne-Grand-Hotel-du-Cap-Ferrat vorbei. Kalkfelsen laden zum Klettern ein oder zum Sonnen. Die ganze Umrundung der „Fastinsel", wie das französische Wort für Halbinsel übersetzt heißt, dauert etwa 3 bis 4 Stunden, ist aber natürlich je nach Geschmack verkürzbar und individuell gestaltbar.

Badebucht entlang des *sentier littoral* auf Cap Ferrat. Von den Felsen kann man ins Wasser springen.

Das kleinere Cap Martin, wo sich schon die Kaiserin Sissi erholte, lässt sich bereits in der Hälfte der Zeit umrunden. Der Weg ist nicht so spektakulär wie der um Cap Ferrat, hat aber den Vorteil, dass man – etwa in Menton startend – nach einer Umrundung von Osten nach Westen schließlich in Monaco Einzug halten und den abrupten Übergang aus der weitläufigen Natur in die enge moderne Hochhauswelt des Fürstentums an dessen Ostgrenze eindrucksvoll erleben kann. Die Krönung des stundenlangen Spaziergangs bietet ein Bad am Strand von Monte-Carlo oder ein frisches original monegassisches Bier in einer Strandbar.

Strand von Monte Carlo (nicht der schönste der Côte). Im Hintergrund rechts: die Halbinsel Cap Martin.

Von beiden *sentiers littorals* aus, dem auf Cap Martin wie auf Cap Ferrat, führen immer wieder in die Felsen gehauene Treppchen zum Meer hinunter, zu versteckten, lauschigen Plätzchen abseits der Massenstrände – wie oben auf dem Foto zu sehen. Bisweilen kann man die Felsen als Sprungturm benutzen und ins Meer springen. Oder man macht einen Abstecher ins Innere der Halbinsel zum Bestaunen der Villen. Der Küstenweg auf Cap Ferrat führt außerdem an einigen größeren Badeständen vorbei, wo es teilweise Restaurants gibt und Liegen vermietet werden.

Einige der Strände auf der Ostseite von Cap Ferrat sind zudem Sandstrände und bieten so eine willkommene Abwechslung zu den häufigen Kiesstränden der Côte d'Azur.

Apropos Abwechslung: Es dürfte klar geworden sein, dass für diese gesorgt ist bei der Umrundung der beiden spektakulären Halbinseln in Frankreichs südöstlichster Ecke. Wandern, Baden, Sonnen, Kultur, Kulinarisches – alles an einem Tag und an einem Ort unter südlicher Sonne und mit mediterraner Brise. Das ist, auch für Nicht-Millionäre, ein ganz normaler Urlaubstag an der himmlischen Côte d'Azur.